小跳豆 Jumping Bean 幼兒生活體驗故事系列

我愛交朋友

U0111528

新雅文化事業有限公司
www.sunya.com.hk

小跳豆
幼兒生活體驗故事系列

跟着跳跳豆和糖糖豆一起經歷成長之旅！

幼兒在成長的過程中，必會遇到大大小小的難題。有些孩子害怕上學，有些孩子會嫉妒弟妹，有些孩子不懂得和別人相處……爸爸媽媽可以怎樣幫助孩子克服這些困難和不安感呢？

《小跳豆幼兒生活體驗故事系列》共 6 冊，透過跳跳豆和糖糖豆的日常生活經歷，帶領孩子學習面對不同的情況，例如在上學的第一天、交朋友、看醫生、迷路、添了小妹妹（或小弟弟）和出現偏食問題的時候，怎樣適當地處理和改善。

書後設有「親子小遊戲」，以有趣的形式幫助孩子學習處理各種難題的方法。「成長小貼士」提供一些實用性的建議予家長，告訴家長當孩子面對心理困擾時，可以怎樣從旁給予孩子引導和幫助，使孩子成為一個愉快、勇敢、自信的好孩子。

新雅·點讀樂園 升級功能

讓親子閱讀更有趣！

　　本系列屬「新雅點讀樂園」產品之一，若配備新雅點讀筆，爸媽和孩子可以使用全書的點讀和錄音功能，聆聽粵語朗讀故事、粵語講故事和普通話朗讀故事，亦能點選圖中的角色，聆聽對白，生動地演繹出每個故事，讓孩子隨着聲音，進入豐富多彩的故事世界，而且更可錄下爸媽和孩子的聲音來說故事，增添親子閱讀的趣味！

　　「新雅點讀樂園」產品包括語文學習類、親子故事和知識類等圖書，種類豐富，旨在透過聲音和互動功能帶動孩子學習，提升他們的學習動機與趣味！

想了解更多新雅的點讀產品，請瀏覽新雅網頁(www.sunya.com.hk)或掃描右邊的QR code進入 新雅·點讀樂園 。

如何使用新雅點讀筆閱讀故事？

1. 下載本故事系列的點讀筆檔案

1. 瀏覽新雅網頁(www.sunya.com.hk) 或掃描右邊的QR code 進入 新雅‧點讀樂園 。

2. 點選 下載點讀筆檔案 ▶ 。

3. 依照下載區的步驟說明，點選及下載《小跳豆幼兒生活體驗故事系列》的點讀筆檔案至電腦，並複製至新雅點讀筆的「BOOKS」資料夾內。

2. 啟動點讀功能

開啟點讀筆後，請點選封面右上角的 新雅‧點讀樂園 圖示，然後便可翻開書本，點選書本上的故事文字或圖畫，點讀筆便會播放相應的內容。

3. 選擇語言

如想切換播放語言，請點選內頁右上角的 粵☆普 圖示，當再次點選內頁時，點讀筆便會使用所選的語言播放點選的內容。

4.播放整個故事

如想播放整個故事，請直接點選以下圖示：

5.製作獨一無二的點讀故事書

爸媽和孩子可以各自點選以下圖示，錄下自己的聲音來說故事！

1 先點選圖示上 爸媽錄音 或 孩子錄音 的位置，再點 OK，便可錄音。

2 完成錄音後，請再次點選 OK，停止錄音。

3 最後點選 ▶ 的位置，便可播放錄音了！

4 如想再次錄音，請重複以上步驟。注意每次只保留最後一次的錄音。

爸媽請使用
這個圖示錄音

孩子請使用
這個圖示錄音

5

星期天，
爸爸帶跳跳豆到博士豆家，
參加博士豆的生日會。

來到博士豆家，
博士豆開門迎接他們，
「跳跳豆，歡迎你！」
博士豆說。
跳跳豆給博士豆送上
一份生日禮物。

屋子裏有很多小朋友，
跳跳豆都不認識，
他有點害怕。

跳跳豆坐在一旁，
看着小朋友在玩耍。

小朋友玩得很高興。
跳跳豆走過去,
想跟他們一起玩,
但心裏還是有點害怕。

跳跳豆的爸爸看到了，说：
「跳跳豆，
跟小朋友一起玩吧！」

博士豆的媽媽也對小朋友說：
「啊，你們玩得真開心，
跳跳豆也想跟你們一起玩呢！」

博士豆拉着跳跳豆的手，説：
「跳跳豆，快過來，
我們一起玩吧！
你看，這隻小倉鼠多可愛啊！」

跳跳豆看着小倉鼠，
問小朋友：
「小倉鼠喜歡吃什麼東西呢？」

23

　　蘋果妹妹回答説：
「小倉鼠喜歡吃胡蘿蔔，
也喜歡吃堅果。
牠還會踏輪子呢！」

這時，跳跳豆看見
小倉鼠走到輪子上，
小倉鼠伸長了四肢，
暢快地跑了起來。
「哇，小倉鼠跑得真快！」
跳跳豆說。

跳跳豆、博士豆和小朋友，
一起圍着小倉鼠，
玩得很開心呢！

親子小遊戲

小朋友，你覺得怎樣才能交到朋友呢？在正確做法的 ☐ 內加 ✔。

1.

我來幫你！

☐

幫助有需要的小朋友

2.

☐

主動邀請小朋友一起玩

3.

☐

取笑同學

4.

☐

自大，看不起別人

孩子不敢和別人交朋友，怎麼辦？

- 孩子第一次看到陌生的小朋友，心裏有點害怕，可是看着其他小朋友一起高興地玩耍，他也想去玩。這時，父母先要鼓勵孩子不要怕，然後教他一些交朋友的方法，可以跟孩子說：「別害怕，如果你想和一個人交朋友，可以走到他面前，對他笑一笑，告訴他『我想和你交朋友，你願意嗎？』然後大家握握手，一起玩遊戲。」

- 孩子們在一起玩耍時，父母也可以鼓勵他們進行需要合作的活動和遊戲，例如砌積木、踢球、捉迷藏等等。這樣孩子在玩耍中不僅可以交到好朋友，而且可以學到各種和小朋友相處的技巧。

小跳豆幼兒生活體驗故事系列
我愛交朋友

原著：辛亞

改編：新雅編輯室

繪圖：何宙樺

責任編輯：趙慧雅、楊明慧

美術設計：劉麗萍

出版：新雅文化事業有限公司

香港英皇道499號北角工業大廈18樓

電話：(852) 2138 7998

傳真：(852) 2597 4003

網址：http://www.sunya.com.hk

電郵：marketing@sunya.com.hk

發行：香港聯合書刊物流有限公司

香港荃灣德士古道220-248號荃灣工業中心16樓

電話：(852) 2150 2100

傳真：(852) 2407 3062

電郵：info@suplogistics.com.hk

印刷：中華商務彩色印刷有限公司

香港新界大埔汀麗路36號

版次：二○二一年七月初版